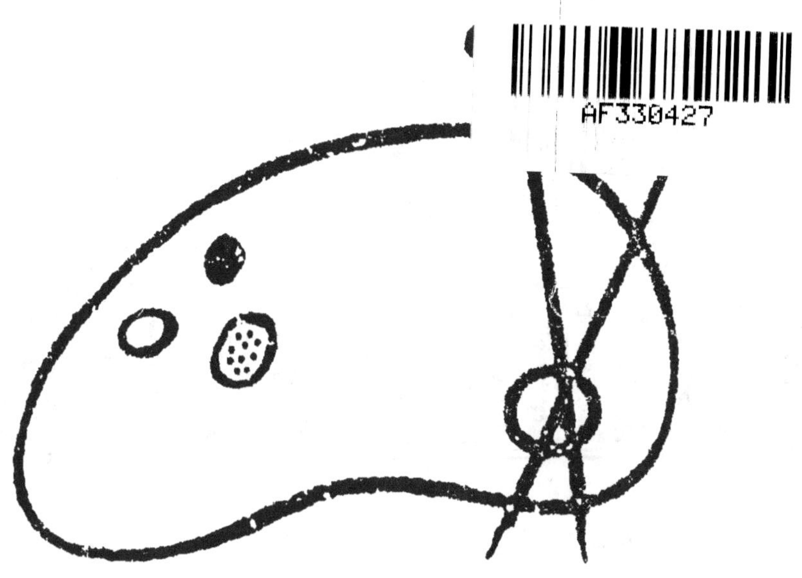

Début d'une série de documents
en couleur

GÉOGRAPHIE

L'EUROPE

L. BOULANGER, éditeur, 90, boul. Montparnasse, PARIS.

LE LIVRE POUR TOUS

VOLUMES PARUS

1. **Hygiène** : *La santé.*
2. **Médecine** : *Les maladies et les remèdes.*
3. **Science** : *La photographie.*
4. **Littérature** : *La littérature française.*
5. **Géographie** : *L'Afrique française.*
6. **Armée** : *Le service militaire.*
7. **Science** : *L'astronomie.*
8. **Histoire** : *Histoire romaine.*
9. **Horticulture** : *Les fleurs.*
10. **Travaux manuels** : *La couture.*
11. **Hygiène** : *Les falsifications. Aliments.*
12. **Hygiène** : *Les falsifications. Boissons.*
13. **Armée** : *Les écoles militaires.* Saint-Cyr.
14. **Finances** : *Les douanes.*
15. **Enseignement** : *Grammaire anglaise.*
16. **Médecine** : *Anatomie et physiologie.* Appareil digestif.
17. **Économie sociale** : *Les impôts.*
18. **Science** : *Eléments d'arithmétique.*
19. **Littérature** : *La littérature française.* Le XVIe siècle.
20. **Économie sociale** : *L'épargne.*

POUR PARAITRE EN AVRIL

21. **Droit** : *La justice de paix.*
22. **Géographie** : *L'Europe.*
23. **Économie sociale** : *Les assurances.*
24. **Science** : *L'électricité.*
25. **Beaux-Arts** : *La peinture sur porcelaine.*
26. **Agriculture** : *Les engrais.*
27. **Littérature** : *La littérature française.* XVIIe siècle, 1re période.
28. **Économie domestique** : *La cave et les vins.*
29. **Droit civil** : *Les enfants.*
30. **Science** : *Botanique.*

VOLUMES A PARAITRE

Travaux publics : *Les chemins de fer.*
Métiers : *La reliure.*
Droit civil : *Le mariage.*
Arts d'agrément : *La chasse.*
Économie sociale : *Le mont-de-piété.*
Métiers : *L'imprimerie.*
Arts décoratifs : *L'ameublement.*
Physique : *La chaleur.*
Droit civil : *Les contrats.*
Hygiène : *La première enfance.*
Agriculture : *La viticulture.*
Géographie : *La Russie.*
Science : *L'homme préhistorique.*
Histoire : *La France.*
Horticulture : *Les arbres fruitiers.*
Grammaire : *Grammaire allemande.*
Droit civil : *Les successions.*
Arts d'agrément : *Les feux d'artifice.*
Géographie : *L'Asie.*
Enseignement : *L'école primaire.*
Géologie : *Les terrains.*
Économie sociale : *Le budget.*

Les nécessités du tirage peuvent amener quelques modifications à cette liste. Les 50 volumes suivants seront publiés ultérieurement. La collection comprendra tout ce qu'il est utile de savoir.

Chaque mois le dernier volume de la dizaine parue porte la liste de la dizaine à paraître. — Il paraît deux volumes par semaine, le jeudi et le dimanche.

Les dix premiers volumes sont envoyés *franco* moyennant **1 fr. 25** à toute personne qui en fait la demande.

Les personnes qui nous demanderont les dix premiers volumes recevront, à titre de **prime**, un *élégant cartonnage* permettant de lire chaque volume sans le froisser. S'adresser chez l'éditeur.

On peut s'abonner soit chez l'éditeur, soit chez les libraires et marchands de journaux.

Ces volumes se trouvent chez tous les libraires au prix de **10** centimes chacun.

Dans le cas où on ne pourrait se les procurer, l'éditeur reçoit des abonnements au prix de **1 fr. 25** la série de 10 et de 6 francs la série de 50 volumes.

Ces prix comprennent le port. Dans ce cas les volumes sont expédiés **2** à la **fois** le samedi de chaque semaine.

Les volumes parus peuvent toujours être fournis d'un seul coup et immédiatement.

10 centimes le volume.

LE LIVRE POUR TOUS

Aujourd'hui un livre, quel qu'il soit, ne peut compter sur un grand succès durable que s'il est tellement *bon marché* que tout le monde puisse l'acheter sans compter, s'il est *tellement intéressant* et utile, que tout le monde dise : « *Je veux le lire, l'avoir et le garder.* »

Or il n'y a pas de livres d'un intérêt plus réel, d'une utilité plus pratique et plus constante que ceux qui fournissent des *renseignements précis et complets* sur ce que tout le monde veut savoir et doit connaître.

Mais ces livres d'information et de référence ne sont vraiment bons qu'à la condition d'être des guides toujours sûrs, des conseillers toujours prêts à répondre exactement aux nombreuses questions que l'on a sans cesse à résoudre. Ils doivent être méthodiques, exacts, clairs, faciles à manier, commodes à emporter partout avec soi. Ils doivent en outre constituer dans leur ensemble la meilleure et la plus parfaite des encyclopédies; et en même temps chacune de leurs parties doit former un tout distinct, de telle sorte que celui qui veut se contenter de cette partie unique y trouve tout ce dont il a besoin.

Un dictionnaire ne peut réunir ces avantages : s'il est volumineux, il est cher et par conséquent pas à la portée de tous; s'il est petit, il est restreint, et les articles en sont nécessairement écourtés, incomplets. De plus le dictionnaire renvoie d'un mot à l'autre, il ne peut se lire à la suite, il contient des redites. Les manuels, les traités sont évidemment plus utiles, mais ils sont d'ordinaire d'un prix élevé, surtout quand il s'agit de questions spéciales ou scientifiques ou techniques.

Nous avons pensé qu'il restait à créer une collection réunissant, à la fois, l'utilité des dictionnaires et celle des manuels, et d'un prix si minime que tout le monde puisse se la procurer.

Nous avons donné à cette collection **un titre général** disant d'un mot ce qu'elle est :

Le Livre pour tous, c'est-à-dire le livre indispensable à tout le monde, le livre auquel on doit avoir recours en toute occasion et qui mérite toute confiance.

Le Livre pour tous donne à tous les connaissances nécessaires à tous. Il est le vade-mecum de toute instruction pratique, le répertoire de toutes les sciences usuelles.

Le Livre pour tous est le livre de tous ceux qui travaillent, qui étudient, qui s'informent, qui veulent s'éclairer, c'est-à-dire tout le monde.

Ce qui distingue notre collection de toutes celles que l'on a publiées dans le même genre et ce qui fait sa supériorité sur toutes les compilations adressées aux lecteurs sous prétexte de vulgarisation, ce qui doit lui donner la préférence sur les dictionnaires et les manuels, c'est, nous le répétons :

1° Le *bon marché*. Chacun de nos volumes ne coûte que 10 centimes, et contient comme texte le tiers d'un volume ordinaire de 300 pages vendu 3 fr. 50 et même de 4 à 6 francs.

2° *L'abondance et l'exactitude des renseignements*. — Chacun de nos volumes est rédigé avec le plus grand soin par des auteurs compétents d'après les travaux les plus récents et les plus autorisés.

3° La *commodité du format*. — Chacun de nos volumes peut facilement tenir dans la poche, on peut l'emporter avec soi à la promenade, le lire en voiture, en omnibus, en chemin de fer.

4° La *clarté du texte*. — Les volumes sont imprimés en caractères neufs, lisibles sans fatigue, et les matières sont disposées de telle sorte que d'un coup d'œil on trouve ce que l'on cherche.

5° La *valeur documentaire*. — Chaque volume forme un tout; mais l'ensemble des volumes forme une encyclopédie. Dans chaque volume, chaque sujet est traité à fond. De plus chaque volume est accompagné de documents, de tables de références, de tables statistiques, etc., qui sont d'un usage précieux.

Il suffit d'avoir sous les yeux un seul de nos volumes pour se rendre compte de l'importance de notre collection et des services qu'elle rend.

Tous les volumes de la collection sont rédigés avec le même soin, d'après la même méthode et dans le même but d'utilité.

N. B. Le Livre pour tous peut être mis dans toutes les mains. C'est la meilleure récompense à donner aux élèves dans toutes les écoles. C'est la collection la plus utile à tout le monde.

L'éditeur-gérant : L. BOULANGER.

Sceaux. — Imp. Charaire et Cⁱᵉ.

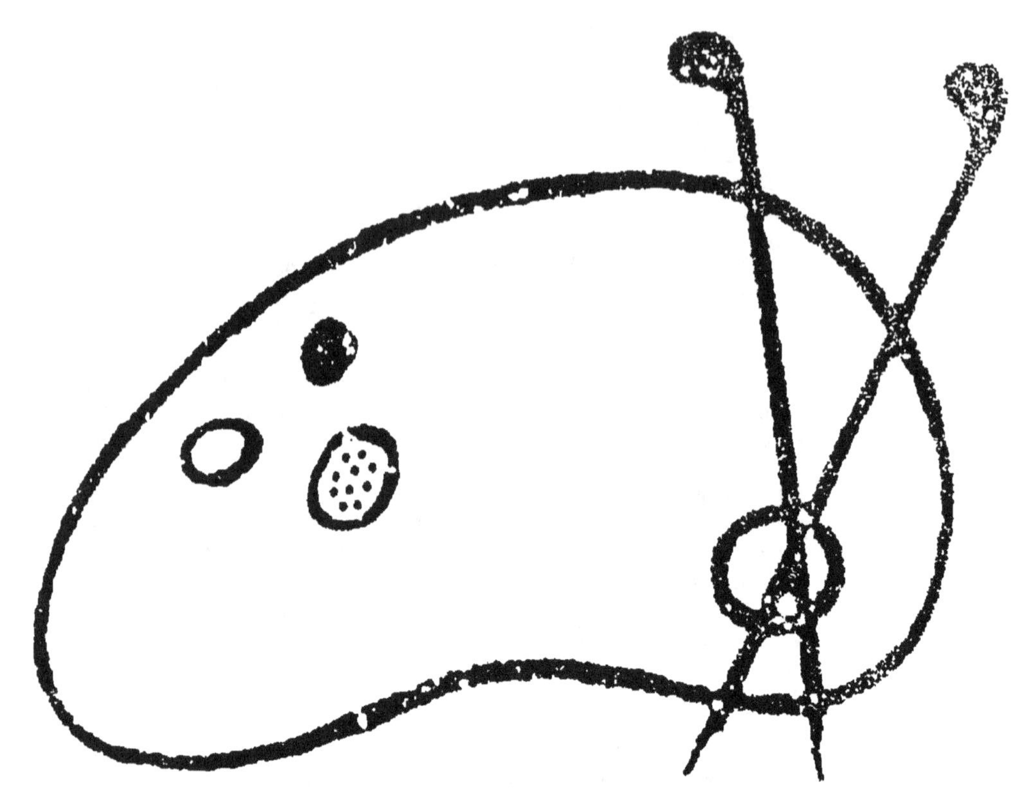

Fin d'une série de documents
en couleur

L'EUROPE

GÉOGRAPHIE PHYSIQUE DE L'EUROPE

L'**Europe** est la plus petite des cinq parties du monde. Sa superficie, qui est de dix millions de kilomètres carrés environ, est inférieure d'un million à celle de l'Océanie. Elle est trois fois plus petite que l'Afrique, quatre fois plus petite que l'Asie et les deux Amériques.

Situation. — Elle s'étend du 36e au 71e degré de latitude nord et du 12e degré de longitude occidentale au 62e degré de longitude orientale. Elle est donc située, pour la plus grande partie, dans la zone tempérée. Il faut remarquer que l'écartement des degrés de longitude allant en diminuant du sud au nord, elle a toute sa plénitude de largeur dans la partie la plus habitable de la zone tempérée.

Nul ne sait d'où vient le nom d'Europe. Il a d'abord été donné à la péninsule Balkanique, et à mesure que la civilisation s'étendit d'Orient en Occident, on l'appliqua de proche en proche à l'Italie, à l'Hispanie, aux Gaules, à l'Europe centrale et à l'Europe septentrionale.

Configuration. — Les Phéniciens furent ses premiers explorateurs. Les Grecs de Marseille visitèrent ses côtes jusqu'aux fond de la Baltique. Pour Strabon, l'Europe finissait au *Palus Méotides* (mer d'Azov) et au *Tanaïs* (Don). Les géographes de la Renaissance la figuraient comme une vierge couronnée dont l'Espagne était la tête et la France le cœur, tandis que l'Angleterre et l'Italie tenaient le sceptre et le globe ; la Russie représentait les vastes plis de la robe traînante.

Où finit l'Europe ? Certains géographes prennent les limites que fixe, arbitrairement du reste, l'administration russe. D'autres prennent les limites naturelles du Caucase, de la mer Caspienne, du fleuve et des monts Ourals. Mais le système caucasique est semblable sur les deux versants et la véritable limite de l'Europe est la dépression qui contenait jadis les détroits qui faisaient communiquer l'océan Glacial à la Caspienne et celle-ci à la mer Noire par le Manytch. Cette dépression est remplie de lacs salés et, au xviie siècle, les bateaux allaient encore, en certaines saisons, de la mer Noire à la mer Caspienne.

Si l'Europe était séparée de l'Asie à l'orient, elle y tenait à l'occident par un isthme qui y unissait la péninsule Balkanique à l'Asie et dont les îles de la mer Égée sont vraisemblablement des restes. De plus elle était rattachée à l'Afrique par deux isthmes, l'un qui allait de la Sicile à la Tunisie, et l'autre qui unissait l'Espagne à la Barbarie. C'est ce dernier qu'une commotion a ouvert et la légende grecque attribua cette séparation à son héros Hercule.

Divisions physiques. — L'Europe comprend trois parties : une *partie continentale* qui est à peine différenciée de l'Asie et qui s'étend de l'océan Glacial à la mer Noire, — une *partie péninsulaire* — et une *partie insulaire*.

La **partie péninsulaire** se détache en deux points de l'Europe continentale pour former la *péninsule Scandinave* et l'*Europe centrale*.

La *péninsule Scandinave* s'étend entre l'océan Glacial et la mer Baltique ; l'Europe centrale entre la Baltique et la mer Noire. Elle forme elle-même deux péninsules : la *péninsule Balkanique* et la *péninsule Italique*, la première entre la mer Noire et la Méditerranée, la deuxième entre l'Adriatique et la Méditerranée.

L'Europe se rétrécit dans la région gauloise, entre l'Atlantique et la Méditerranée, pour former l'isthme pyrénéen au sud duquel est la *péninsule Hispanique*.

De plus trois petites péninsules se détachent de la masse européenne : ce sont le *Jutland*, une des rares presqu'îles de la Terre dont l'orientation soit du sud au nord ; — le *Péloponèse* appelé longtemps Morée, qui tient à la péninsule Balkanique par l'étroit *isthme de Corinthe*, — et enfin la *presqu'île de Crimée*, ancienne Chersonèse Taurique, qui tient à l'Europe continentale par l'isthme de *Pérékop*.

L'Europe insulaire comprend de nombreux archipels dont le principal est celui des îles Britanniques qui jadis était une péninsule de la Gaule.

Partout, des mers entourent ces archipels et ces péninsules, pénètrent au loin dans l'intérieur de l'Europe, portant la vie et la douceur du climat maritime. L'Europe est la plus découpée de toutes les parties du monde, l'Amérique septentrionale exceptée. Mais les indentations de l'Amérique septentrionale sont dans la zone glaciale et n'offrent actuellement que peu d'importance commerciale.

Plaines et montagnes. — L'Europe peut se diviser, au point de vue de l'altitude, en deux parties : une partie de plaines et une partie de montagnes.

La plus vaste de ces plaines, qui comprend quelques départements du nord de la France, la Belgique flamande, l'Allemagne du Nord, le Danemark et la Russie, se rattache à la Sibérie et forme avec cette dernière la plus grande plaine du monde. Le Danube moyen traverse également deux plaines considérables.

Le Pô en traverse une importante.

Les plus intéressants parmi les plateaux de l'Europe sont : en Russie le plateau de *Waldaï*, en Austro-Hongrie ceux de *Bohême* et de *Transylvanie*, dans la péninsule Balkanique celui de *Mosie*, dans l'Europe centrale le plateau de *Bavière* et de *Suisse*, en France le plateau *Central*, en Italie le plateau des *Abruzzes*, en Espagne le plateau des *Castilles*. Le plus considérable est celui de Bavière et de Suisse.

La charpente de l'Europe comprend l'immense chaîne des *Alpes* qui va de la Méditerranée au Danube et se rattache aux chaînes voisines : *Apennins* qui traversent la péninsule Italique, — *Balkans* qui traversent la péninsule Hellénique, — *Carpathes* qui séparent les plaines hongroises et russes, — *Jura*, et par lui tiennent aux *Vosges*, aux *Cévennes*, aux *Pyrénées* et aux *Sierras espagnoles*. Ces montagnes, moins élevées que les Andes et l'Himalaya, ont cependant des sommets dépassant 4,000 mètres, couverts de glaciers.

Les fleuves de l'Europe, à part le Volga (on dit aussi la Volga), qui est un fleuve à moitié asiatique, sont beau-

coup moins longs que les grands fleuves des autres conti-
nents, mais bien plus réguliers dans le régime de leurs
eaux et ils ne s'épandent pas en immenses nappes d'eau
comme les fleuves américains.

Ils n'ont généralement pas les extrêmes des fleuves
intertropicaux.

Climat. — A cause de sa position au N.-O. de l'Atlantique, l'Europe subit l'influence des vents tièdes du
S.-O., et du courant marin, le Gulf-Stream, qui égale
20,000 fleuves comme le Rhône et qui attiédit les côtes de
la France, des îles Britanniques et de la Norvège. Par le
sud, l'Europe est près du Sahara, la plus grande étuve
du globe qui lui envoie sa chaleur.

Si ce n'est en Russie, nul point de l'Europe n'est à
600 kilomètres de la mer. Aussi la température, sur
un même degré de latitude, est de 5, 10 et 15 degrés
supérieure à des points correspondants de l'Asie et de
l'Amérique.

Nulle part, la courbe des isothermes ne se rapproche
autant du pôle. L'Europe est située entre les lignes iso-
thermiques de 20° et de 0°. En Amérique et en Asie, cette
zone est moitié moindre en largeur.

La quantité de pluie annuelle que reçoit l'Europe est
inférieure à un mètre. De Russie en Espagne, de Grèce en
Irlande, les hommes s'acclimatent sans peine, le sol et la
température y maintiennent la race humaine dans la
plénitude de ses forces physiques et de son activité intel-
lectuelle. Les animaux domestiques sont les mêmes, les
productions sont à peu près identiques.

NOMENCLATURE PHYSIQUE DE L'EUROPE

Mers. — L'Europe est baignée par 16 mers dont
trois grandes et 13 petites :

Les trois grandes mers sont : **l'océan Glacial
boréal** au nord, — **l'océan Atlantique** à l'ouest,
— et la **Méditerranée** au sud, celle-ci ainsi appelée
parce qu'elle est entourée par les trois parties de l'ancien
continent.

Les 13 petites mers sont : La *mer Blanche,* formée par

l'océan Glacial, — la *mer Baltique*, la *mer du Nord*, la *Manche*, et la *mer d'Irlande*, formées par l'Atlantique, — la *mer Tyrrhénienne*, la *mer Adriatique*, la *mer Ionienne*, la *mer de l'Archipel*, la *mer de Marmara*, la *mer Noire*, la *mer d'Azov*, formées par la Méditerranée, — la *mer Caspienne*, vaste lac intérieur dont le niveau est à 27 mètres au-dessous de celui de la mer Noire.

Golfes. — Il y a 14 golfes principaux : dans la **mer Baltique** : les golfes de *Bothnie*, de *Finlande* et de *Livonie;*

Dans la **mer du Nord**, le golfe du *Zuyderzée;*

Dans la **Manche**, le golfe de *Saint-Malo;*

Dans l'**Atlantique**, le *canal de Bristol* et le golfe de *Gascogne;*

Dans la **Méditerranée** proprement dite, les golfes de *Lion* et de *Gênes;*

Dans l'**Adriatique**, les golfes de *Venise* et de *Trieste*

Dans la mer **Ionienne**, les golfes de *Tarente* et de *Lépante;*

Dans l'**Archipel**, le golfe de *Salonique*.

Détroits. — On trouve en Europe 15 détroits principaux : le *Skager-Rack*, le *Cattégat*, le *Sund* et les deux *Belt*, entre la mer du Nord et la mer Baltique;

Le *Pas-de-Calais* entre la mer du Nord et la Manche;

Les canaux du *Nord* et de *Saint-Georges*, entre l'Atlantique et la mer d'Irlande, celle-ci étant un véritable golfe;

Le détroit de *Gibraltar*, anciennement colonnes d'Hercule, entre l'Atlantique et la Méditerranée;

Ceux de *Bonifacio* et de *Messine*, entre la Méditerranée et la mer Tyrrhénienne;

Le canal d'*Otrante* entre la mer Ionienne et l'Adriatique;

Le détroit des *Dardanelles* entre l'Archipel et la mer de Marmara;

Le *Bosphore* entre la mer de Marmara et la mer Noire;

Le détroit de *Kertch* entre la mer Noire et la mer d'Azov.

Iles et archipels. — Il y a en Europe 8 grandes îles et 25 petites.

Les 8 grandes sont : l'*Islande*, l'*Irlande*, la *Grande-*

Bretagne dans l'Atlantique; *Seeland* dans la mer Baltique; la *Corse*, la *Sardaigne*, la *Sicile* et la *Crête*, dans la Méditerranée.

Les petites îles sont : *Waïgatz*, la *Nouvelle-Zemble*, *Kalgouëf, Jan-Mayen*, dans la mer Glaciale;

Aland, Dago, Œsel, Gottland, Œland et *Rugen*, dans la mer Baltique;

Sylt, Helgoland, le *Texel*, dans la mer du Nord;

Wight, dans la Manche;

Man et *Anglesey* dans la mer d'Islande;

Ouessant, Groix, Belle-Ile, Noirmoutier, Yeu, Ré, Oleron dans l'Atlantique;

L'île d'*Elbe, Malte* et *Cérigo* dans la Méditerranée;

L'*Eubée* dans l'Archipel.

Les archipels sont : les îles *Loffoden, Soroë* et *Tromsoë* dans l'océan Glacial;

Les îles *Féroë*, les *Shetland*, les *Orcades*, les *Hébrides*, les *Sorlingues* dans l'océan Atlantique;

L'archipel *danois* dans la Baltique;

L'archipel *norvégien* dans la mer du Nord;

Les îles *anglo-normandes* dans la Manche;

Les îles *Baléares* et les *Lipari* dans la Méditerranée;

Les îles *Illyriennes* dans l'Adriatique;

Les îles *Ioniennes* dans la mer de ce nom;

Les *Cyclades* dans l'Archipel;

L'Archipel danois comprend : *Seeland, Fionie, Laland, Falster* et *Bornholm*.

L'archipel anglo-normand comprend : *Jersey, Guernesey, Sercq* et *Aurigny*.

Les *Shetland*, les *Orcades*, les *Hébrides*, l'*Irlande*, la *Grande-Bretagne, Man* et *Anglesey*, les *Sorlingues* forment l'archipel britannique.

Les Baléares comprennent : *Formentera, Iviça, Majorque* et *Minorque*.

Les îles Ioniennes comprennent : *Corfou, Paxo, Sainte-Maure, Théaki, Céphalonie* et *Zante*.

Les principales des Cyclades sont : *Naxie, Syra, Mélos, Santorin, Paro, Antipara*, etc.

Presqu'îles. — Il y a 4 grandes presqu'îles et 7 petites.

Les grandes sont : la *Scandinavie*, la péninsule *Hispanique*, la péninsule *Italique*, la péninsule *Balkanique*.

Les petites sont : le *Jutland*, la *Cornouaille*, le pays de *Galles*, le *Cotentin*, la *Bretagne*, le *Péloponèse* et la *Crimée*.

Les **isthmes** sont ceux de *Corinthe* et de *Pérékop*.

Caps. — On trouve en Europe 11 caps principaux : le cap *Nord*, le point le plus septentrional de l'Europe en Scandinavie; le cap *Skagen*, au nord du Jutland, le cap *Lands'End*, à l'ouest de la Cornouaille; le cap *Clear*, au sud-ouest de l'Irlande; le cap *Saint-Mathieu*, à l'ouest de la Bretagne; le cap *Finistère*, à l'ouest de l'Espagne; le cap *Trafalgar*, au sud de l'Espagne; le cap *Creus*, à l'est; le cap *Corse*, au nord de la Corse; le cap *Spartirento*, au sud de l'Italie, et le cap *Matapan*, au sud du Péloponèse.

Montagnes. — L'Europe comprend 20 chaînes de montagnes : l'*Oural* et le *Caucase*, aux confins de l'Europe; les monts *Kiœlen*, en Scandinavie; les *Carpathes*, en Austro-Hongrie; les *Balkans*, dans la péninsule hellénique; les *Alpes*, dans l'Europe centrale; le *Jura*, les *Vosges*, les *Cévennes*, dans la région gauloise; les *Pyrénées*, entre la France et l'Espagne; les monts *Cantabriques*, les monts *Ibériens, Carpétaniens*, les monts de *Tolède*, les *Sierra Morena* et *Nevada*, en Espagne; les *Sierras da Estrella* et *da Ossa*, en Portugal; les *Cheviots* et les *Grampians*, en Grande-Bretagne.

Volcans. — L'Europe présente au moins 4 volcans en activité : le *Vésuve*, l'*Etna* et le *Stromboli* en Italie; l'*Hécla*, en Islande.

Ligne de partage des eaux. — La ligne de partage des eaux, qui s'élève à des altitudes très différentes, sépare d'un côté les versants de l'océan Glacial, de l'océan Atlantique, y compris les mers formées par eux, — de l'autre les versants de la Caspienne, de la Méditerranée et des mers qu'elle forme.

Elle commence aux monts Ourals et finit à la pointe de Tarifa, sur le détroit de Gibraltar.

Elle comprend : les monts *Chemokonski, Uvalli*, simples hauteurs; le plateau de *Valdaï* (300 mètres); les collines de *Pologne*, simples buttes; les *Carpathes* du nord, les monts *Sudètes*, les monts de *Moravie*, de *Bohême*, des *Pins*, le *Jura franconien*, les *Alpes de Souabe*, peu élevées ; la *Forêt Noire*, les *Alpes septentrionales*, le *Jura*, les *Vosges*, les monts *Faucilles*, le plateau de *Langres*, les monts de la *Côte-d'Or*, les *Cévennes*, les *Pyrénées*, les monts *Cantabres*, *Ibériens* et la *Sierra Nevada*.

Fleuves. — Versant de l'océan Glacial proprement dit : la *Petchora*.

Mer Blanche : la *Dwina* et l'*Onéga*.

Mer Baltique : le *Glomen*, le *Dal*, l'*Uméa*, l'*Uléa*, la *Tornéa*, la *Néva*, la *Duna*, le *Niémen*, la *Vistule*, l'*Oder*.

Mer du Nord : l'*Elbe*, le *Wéser*, l'*Ems*, le *Rhin*, la *Meuse*, l'*Escaut*, la *Tamise*, l'*Humber*.

Manche : la *Somme* et la *Seine*.

Atlantique : la *Severn*, le *Shannon*, la *Vilaine*, la *Loire*, la *Charente*, la *Gironde*, l'*Adour*, le *Minho*, le *Douro*, le *Tage*, la *Guadiana*, le *Guadalquivir*.

Méditerranée : le *Jucar*, l'*Ebre*, l'*Aude*, l'*Hérault*, le *Rhône*, l'*Arno*, le *Tibre*, le *Garigliano*.

Mer Adriatique : le *Pô*, l'*Adige*, l'*Isonzo*.

Archipel : la *Maritza*.

Mer Noire : le *Danube*, le *Dniester*, le *Dniéper*, le *Kouban*.

Mer d'Azov : le *Don*.

Mer Caspienne : le *Téreck*, le *Volga*, l'*Oural*.

Rivières. — Affluents de la Vistule : le *Bug;*

De l'Oder : la *Warthe;*

De l'Elbe : le *Havel*, grossi de la *Sprée;*

Du Rhin : le *Neckar*, le *Mayn*, l'*Ill* et la *Moselle;*

De la Meuse : la *Sambre;*

De l'Escaut : la *Scarpe* et la *Lys;*

De la Seine : l'*Aube*, la *Marne*, l'*Oise* grossie de l'*Aisne*, l'*Yonne* et l'*Eure;*

De la Loire : l'*Allier*, le *Cher*, l'*Indre*, la *Vienne* grossie de la *Creuse*, la *Maine* formée de la *Mayenne* et de la *Sarthe* grossie du *Loir;*

De la Gironde qui, dans sa partie inférieure, s'appelle *Garonne* : l'*Ariège*, le *Tarn*, le *Lot*, le *Gers*, la *Dordogne;*

Du Rhône : la *Saône* grossie du *Doubs*, l'*Isère*, la *Drôme*, la *Durance* et le *Gard;*

Du Pô : le *Tessin*, l'*Adda* et le *Mincio;*

Du Danube : le *Lech*, l'*Isar*, l'*Inn*, la *Leitha*, la *Drave*, la *Save*, la *Theiss*, l'*Aluta*, le *Pruth ;*

Du Dniéper : la *Bérésina* et le *Pripet;*

Du Volga : la *Kama* et l'*Oka* grossi de la *Moskarita*.

Lacs. — Les principaux lacs sont : les lacs *Peïpous, Ilmen, Onéga, Saïma, Ladoga*, le plus grand de l'Europe, en Russie; — les lacs *Wéner, Wettern, Mélar*, en Scandinavie; — *Balaton*, en Autriche; — *Constance*, de *Genève, Majeur*, de *Neuchâtel*. de *Zurich*, de *Lucerne*, en Suisse; — de *Côme* et de *Garde*, en Italie; ces lacs appartiennent à la région alpestre et plusieurs d'entre eux ont des rives communes à plusieurs pays.

La *Néva* sert d'écoulement aux lacs Ladoga, Onéga, Saïma, — le *Danube*, au lac Balaton, — le *Rhin*, aux lacs de Lucerne, de Zurich, de Neuchâtel et de Constance, — le *Rhône*, au lac de Genève, — le *Pô*, aux lacs Majeur, de Côme et de Garde.

Côtes. — L'Europe est, de toutes les parties du monde, celle dont les côtes offrent les découpures les plus variées et les plus utilisées, les échancrures les plus profondes, le plus grand nombre de presqu'îles et d'îles.

Les mers intérieures qui communiquent avec la masse océanique se rapprochent à mesure qu'on s'avance du nord-est au sud-ouest. Quelques-uns des détroits qui donnent accès dans ces mers sont, parmi les positions géographiques et politiques, les plus importantes du monde : Sund, Gibraltar et Bosphore.

Les parties du littoral les plus échancrées sont : celles de la Norvège, de la Grande-Bretagne, dont les côtes crayeuses du sud-est lui ont valu le nom d'Albion, de la Bretagne française, du golfe de Gênes, de l'Italie, entre le golfe de Naples et le phare de Messine, de l'Adriatique autrichienne et de la Grèce. Aussi les pays dont elles font partie ont-ils toujours eu une grande importance maritime.

Les rivages sont bas sur les côtes russes de l'océan Glacial où des toundras (tourbières gelées) les recouvrent; sur les côtes germaniques de la Baltique où l'on rencontre de nombreuses lagunes; sur les rivage méridionaux de la mer du Nord que recouvrent des dunes et des marécages ; au fond du golfe de Gascogne, où l'on trouve des marais salants et des dunes élevées ; à l'ouest du Portugal ; au nord du golfe du Lion qui donne naissance à de nombreux étangs ; à l'ouest de l'Italie, du golfe de Gênes au golfe de Naples, où le pays est malsain ; dans la partie italienne de l'Adriatique et sur la côte bulgare, roumaine et russe jusqu'à la Crimée, dans la mer Noire.

L'océan Glacial, la mer Blanche et la mer Baltique gèlent tous les hivers ; la mer d'Azov et la mer Noire quelquefois. Exceptionnellement on a pu voir parfois des glaces dans les autres mers.

La mer Baltique et la mer Noire sont à peine salées.

La mer Baltique et la mer d'Azov se comblent peu à peu.

La Méditerranée qui, comme son nom l'indique, est entourée de terres, a été jusqu'au xe siècle la mer la plus fréquentée, et depuis le creusement de l'isthme de Suez elle a repris son ancienne importance. Elle se divise en 3 bassins : un à l'ouest, un au centre, un à l'est. Ils vont en augmentant de profondeur de l'ouest à l'est.

Le premier s'étend de la péninsule Hispanique à la Sicile et renferme d'importantes îles.

Le second s'étend de la Sicile à l'île de Crète. Sa partie septentrionale s'appelle mer Ionienne. Sa partie méridionale s'appelle Syrtes en Afrique.

Le troisième bassin se divise en mer de l'Archipel, remplie d'îles, entre l'Europe et l'Asie, et en Méditerranée orientale, entre l'Asie et l'Afrique.

La mer Noire forme un quatrième bassin de la Méditerranée, plus élevé que les précédents.

EUROPE POLITIQUE

L'Europe n'a jamais eu un gouvernement unique, et, à part celui des Romains, les grands empires qui s'y sont constitués n'ont été qu'éphémères.

Celui des *Romains* s'étendait du Caucase au golfe de la Clyde en Ecosse, sur les péninsules méridionales ; le Danube et le Rhin le séparaient des pays barbares.

L'empire des *Huns* s'étendait des monts Ourals au Rhin.

L'empire de *Charlemagne* englobait la plus grande partie des races latines et germaniques.

Celui de *Charles-Quint*, au xvie siècle, occupait les mêmes territoires moins la France.

L'empire de *Napoléon* avait à peu près les limites de l'empire de Charlemagne.

ÉTATS DE L'EUROPE

Les États dont se compose l'Europe contemporaine sont, par ordre de position géographique :

Au nord :

    Le *Royaume uni de Grande-Bretagne et d'Irlande ;*

    Le *Danemark ;*

    Les deux royaumes scandinaves de *Suède* et de *Norvège.*

Au centre :

    La *France ;*

    La *Belgique ;*

    La *Hollande*, ou Néerlande, ou Pays-Bas ;

    L'*Empire Germanique ;*

    L'*Empire Austro-Hongrois ;*

    La *Suisse* ou République Helvétique ;

    La *Serbie ;*

    La *Roumanie.*

De plus trois petits États :

    Le *Grand-Duché de Luxembourg ;*

    La *Principauté de Lichtenstein ;*

    La *Principauté de Monténégro.*

Au sud :

    Le *Portugal ;*

    L'*Espagne ;*

    L'*Italie ;*

    La *Grèce ;*

    La *Turquie.*

De plus un État vassal, au moins nominativement, de la Turquie :

    La *Bulgarie.*

Et trois petits États :

    La *République d'Andorre ;*

La *République de Saint-Marin ;*
La *Principauté de Monaco.*
Un à l'est :
La *Russie.*

DIVISIONS DES ÉTATS

Les États peuvent se diviser en grands et en petits États.

Les **grands États** sont ceux qui sont représentés dans les Congrès européens.

Ce sont : la *France*, l'*Angleterre*, l'*Allemagne*, la *Russie*, l'*Austro-Hongrie*, l'*Italie*. La *Turquie* est parfois classée dans les grands États.

FORMES DE GOUVERNEMENT

Toutes les formes de gouvernement sont représentées dans l'Europe contemporaine, y compris les formes surannées du moyen âge.

On peut diviser les États en **républiques** et en **monarchies**.

Les **républiques** sont : la *France*, la *Suisse*, *Andorre* et *Saint-Marin*.

Les autres sont des **monarchies** divisées en *empires, royautés, grands-duchés, principautés*.

Les **empires** sont : la *Russie*, l'*Allemagne*, l'*Austro-Hongrie*, la *Turquie*.

Les **royaumes** sont : l'*Angleterre*, le *Danemark*, la *Norvège*, la *Suède*, la *Belgique*, la *Hollande*, la *Serbie*, la *Roumanie*, le *Portugal*, l'*Espagne*, l'*Italie*, la *Grèce*.

Les **grands-duchés** sont : le *Luxembourg* et la *Finlande*, dont le grand-duc est en même temps empereur de Russie.

Il y a un grand-duché, celui de *Normandie*, qui comprend les îles anglo-normandes, dont le souverain est en même temps le souverain de l'Angleterre.

Principautés autonomes : *Monaco*, *Monténégro*, *Lichtenstein ;* la *Bulgarie* est une principauté vassale, au moins en principe, de la Turquie.

DIVISIONS DES MONARCHIES

Les monarchies peuvent se diviser en deux groupes :
les **monarchies absolues** et les **monarchies constitutionnelles.**

Les **monarchies absolues** sont : la *Russie*, la *Turquie*, le *Monténégro*, *Monaco*.

Les **monarchies constitutionnelles** ou représentatives sont : l'*Angleterre*, le *Danemark*, la *Suède* et la *Norvège*, l'*Allemagne*, l'*Austro-Hongrie*, la *Belgique*, la *Hollande*, *Lichtenstein*, le *Luxembourg*, la *Serbie*, la *Roumanie*, le *Portugal*, l'*Espagne*, l'*Italie*, la *Grèce*, la *Bulgarie*, la *Finlande.*

Les États sont *unitaires, fédéraux* ou *dualistes.*

États unitaires : la *République française*, le royaume de *Belgique*, la *Hollande*, le *Danemark*, le *Portugal*, l'*Espagne.*

La *Russie* et l'*Angleterre* sont aussi des pays unitaires ; mais leurs souverains règnent dans deux États :

Le czar est empereur absolu de Russie et grand-duc constitutionnel de Finlande.

Le souverain constitutionnel d'Angleterre est duc féodal de l'archipel anglo-normand.

États dualistes. — Le roi de *Suède* est en même temps roi de *Norvège*, il a deux parlements et deux ministères.

Le souverain de l'*Austro-Hongrie* est à la fois empereur dans la partie de ses États appelée *Cisleithanie*, et roi dans la partie appelée *Transleithanie*. Il a également deux parlements et deux ministères.

Les **pays fédéraux** sont : La *Suisse*, divisée en cantons ; — l'*Empire Germanique*, comprenant 26 divisions territoriales : 4 royaumes constitutionnels, 6 grands-duchés constitutionnels, 5 duchés constitutionnels, 7 principautés constitutionnelles, 3 républiques, débris du moyen âge, 1 territoire qui n'a pas d'autonomie.

On peut encore diviser l'Europe en États *démocratiques, aristocratiques, mixtes* et *autocratiques.*

Les **États démocratiques** sont ceux qui ont pour

base le suffrage universel : la *France*, la *Suisse*, l'*Allemagne*, le *Danemark*, l'*Espagne*.

Les **États aristocratiques** sont actuellement réduits à un seul : l'*archipel anglo-normand*.

Les **États mixtes** sont : les *Iles Britanniques*, la *Belgique*, la *Hollande*, la *Suède* et la *Norvège*, l'*Austro-Hongrie*, la *Serbie*, la *Roumanie*, la *Grèce*, l'*Italie*, le *Portugal*, le *Luxembourg*, *Lichtenstein*.

Les **États autocratiques** sont : la *Russie*, la *Turquie*, le *Monténégro* et *Monaco*.

Il est difficile de classer les républiques d'Andorre et de Saint-Marin.

Le souverain de Russie s'apppelle *czar*, celui de Turquie porte le nom de *sultan*, celui de Monténégro de *knesse*. Les deux premiers sont à la fois chefs civils et chefs religieux.

Le Pape, dont les États temporels remontent à l'année 756, en a été dépossédé par l'Italie, mais il a titre de souverain. Il est électif.

ÉTATS AVEC LEURS CAPITALES

Les **Iles-Britanniques**, capitale *Londres* (London).
Le **Danemark**, *Copenhague* (Kjœbenhavn).
La **Norvège**, *Christiania*.
La **Suède**, *Stockholm*.
La **France**, *Paris*.
La **Belgique**, *Bruxelles*.
L'**Allemagne**, *Berlin*.
La **Hollande**, *La Haye* (S'Gravenhage).
La **Suisse**, *Berne*.
La **Cisleithanie**, *Vienne* (Wien).
La **Transleithanie** ou **Hongrie**, *Buda-Pest*.
La **Serbie**, *Belgrade*.
La **Roumanie**, *Bucarest*.
Le **Portugal**, *Lisbonne* (Lisboa).
L'**Espagne**, *Madrid*.
L'**Italie**, *Rome* (Roma).
La **Grèce**, *Athènes*.
La **Turquie**, *Constantinople* (Stamboul).

La **Bulgarie**, *Sophia*.
La **Russie**, *Saint-Pétersbourg*.
La **Finlande**, *Helsingfors*.
Le **Luxembourg**, *Luxembourg*.
Les **Iles anglo-normandes**, *Saint-Hélier*.
Andorre, *Andorre*.
Monaco, *Monaco*.
Saint-Marin, *San-Marino*.
Le **Monténégro** ou **Tchernagora**, *Cettigne*.
Lichtenstein, *Lichtenstein*.
Les **Iles Britanniques** comprennent 4 parties :

L'**Angleterre** (England), capitale *Londres ;* le **pays de Galles**; l'**Ecosse** (Scotland), capitale *Édimbourg;* l'**Irlande**, capitale *Dublin*.

La **Russie** comprend, outre le *duché de Finlande*, l'ancien royaume de *Pologne*, capitale Varsovie.

L'**Allemagne** comprend 26 États :

Royaume de *Prusse*, capitale Berlin.

Royaume de *Saxe*, capitale Dresde (Dresden).

Royaume de *Bavière* (Bayern), capitale Munich (München).

Royaume de *Wurtemberg*, capitale Stuttgart.

Ces 3 derniers royaumes ont été formés par Napoléon en 1806.

Grand-duché de *Mecklembourg-Schwérin* *Schwérin*.
—   *Mecklembourg-Strélitz*. . *Neu-Strélitz*.
—   *Oldenbourg*. . . . . . . *Oldenbourg*.
—   *Saxe-Weimar* . . . . . *Weimar*.
—   *Hesse-Darmstadt* . . . . *Darmstadt*.
—   *Bade* . . . . *Carlsruhe*.
Duché de *Saxe-Cobourg-Gotha* . . . . *Gotha*.
—   *Saxe-Meiningen*. . . . . . *Meiningen*.
—   *Saxe-Altenbourg* . . . . . . *Altenbourg*.
—   *Brunswick* (Braunschweig). . *Brunswick*.
—   *Anhalt* . . . . *Dessau*.
Principauté de *Lippe-Schauenbourg* . . *Buckbourg*.
—   *Lippe-Detmold* . . . . *Detmold*.
—   *Waldeck*. . . . . *Arolsen*.
—   *Reuss-Greiz*. . . . . *Greiz*.
—   *Reuss-Schleiz*. . . . . . . *Schleiz*.

Princip. de *Schwartzbourg-Rudolstadt* . . *Rudolstadt.*
— *Schwartzbourg-Sondershausen. Sondershausen.*
Ville libre de *Lubeck.*
— *Hambourg.*
— *Brême.*
Ces villes sont nommées villes hanséatiques.
L'*Alsace-Lorraine*, capitale Strasbourg.

LES RACES DE L'EUROPE

Anciennes populations. — A quelles races appartenaient les populations primitives de l'Europe? Nul ne le sait. Les légendes de tous les peuples parlent d'une race géante que les Hellènes désignaient sous le nom de cyclopes, et les monuments mégalithiques qu'on trouve répandus dans les Iles-Britanniques et en France prouvent que les anciens habitants de ces contrées avaient une force musculaire beaucoup plus considérable que les populations actuelles.

Monuments mégalithiques. — Ces monuments appartiennent à trois catégories : les *menhirs*, les *dolmens*, et les *cromlechs.*

Les **menhirs** sont de grandes pierres fichées en terre, s'élevant au-dessus du sol à une hauteur plus ou moins grande. Le plus curieux spécimen qui nous en reste est à Carnac (Morbihan), où autrefois s'alignaient 4,000 de ces pierres. Il en reste un millier environ. On se perd en conjectures sur la destination autrefois donnée à ces monuments.

Les **dolmens** sont des pierres plates posées horizontalement sur d'autres pierres verticales. Ils ont quelquefois plusieurs mètres de longueur. Les plus curieux sont ceux d'Essai, en Ille-et-Vilaine, de Bagneux (Maine-et-Loire), de Sibiril, etc.

Les **cromlechs** se composent d'une suite de menhirs rangés en cercle quelquefois autour d'un menhir central.

Races préhistoriques ou âge de la pierre. — Quelques anthropologues prétendent que l'homme habitait en Europe à l'âge tertiaire. Il est certain qu'il y vivait à l'époque quaternaire. Il habitait alors dans des

cavernes. Il avait quatre dents de plus que l'homme mo
derne, et pour lutter contre l'ours des cavernes et les
autres grands fauves, il se servait de haches en silex
éclaté, c'est pourquoi on a donné à cette époque le nom
d'*âge de la pierre éclatée*.

On a trouvé des squelettes de ces populations primitives dans les grottes de Cromagnon (Dordogne), de
Furfoz (Meuse), de Cannstadt (Wurtemberg), et même à
Grenelle. Aussi les savants ont-ils appelé ces races du
nom des pays où on avait fait ces découvertes, à défaut
d'autres renseignements.

On les a divisées en brachycéphales (têtes courtes) et
en dolichocéphales (têtes longues).

Les hommes qui les ont remplacées, incinérant proba-
blement leurs cadavres, il ne nous reste de cette race pos-
térieure que des armes, lesquelles sont en pierre polie,
d'où vient le nom qu'on a donné à cette époque *d'âge de
la pierre polie.*

Platon, se faisant l'écho des légendes qui avaient cours
à son époque, parle d'une race disparue qui habitait dans
un pays à l'ouest des colonnes d'Hercule et à laquelle il
donnait le nom d'Atlantide, ce qui ferait croire à un ancien
continent habité par ces races primitives, continent qui,
à la suite d'une commotion du sol, aurait été recouvert
par l'océan Atlantique.

Il est probable qu'il existait un peuple occupant toute
l'Europe et qui a laissé des vestiges dans les noms approxi-
mativement semblables de Vénètes (Vannes) en Bretagne,
Vénètes de l'Italie continentale, Vénèdes en Bohême et
Vendes sur les bords de la Baltique.

Races historiques. — Nul ne connaît l'époque où
les Aryas arrivèrent d'Asie. Sous les noms de *Pélasges* et
plus tard d'Hellènes, ils peuplèrent la péninsule Balkanique; sous celui de *Latins*, la péninsule Italique; sous
celui de *Celtes*, la Gaule et les Iles-Britanniques. Les Aryas
connaissaient le feu quand ils vinrent en Europe, et ils
apportèrent avec eux les métaux, d'où le nom donné à
cette période d'*âge du bronze.*

Ils vivaient en familles dont le père était le chef. Ces
familles s'aggrégèrent pour former des fratries. Les fra-

tries s'unirent pour former des tribus. L'agglomération des tribus constitua des cités, et, sous l'impulsion étrangère, ces cités furent réunies en nations.

Gaulois. — Les Celtes suivant la marche apparente du soleil, traversèrent les steppes de l'Asie centrale, où ils laissèrent leurs compagnons de route, les Slaves, puis l'Oural, la Vistule, l'Oder, l'Elbe, le Rhin, se répandirent dans toute l'Europe occidentale, refoulant au sud les Ligures et les Ibères qu'ils rencontrèrent en Gaule.

Cette émigration paraît s'être effectuée vers le xe siècle avant l'ère chrétienne.

Vers l'an 600, d'autres tribus aryennes apparentées aux Celtes, les *Belges* ou *Kymris*, suivirent la même route et refoulèrent les Celtes jusque dans la Gaule centrale.

Au iiie siècle avant l'ère chrétienne, la race gauloise, divisée en groupes politiques distincts, possédait le pays entre le golfe de Bothnie et le Tage, le centre de l'Asie Mineure et l'Atlantique. A ce moment même, les Hellènes s'étaient rendus maîtres des pays allant de l'Italie méridionale à l'Indus. Mais les Latins substituèrent leur puissance à celle des Grecs et des Gaulois, et durant une domination d'environ cinq à six siècles, ils latinisèrent si bien les Ibères, les Gaulois, les Ligures et les Daces, qu'après quinze siècles, les descendants de ces peuples parlent encore des langues néo-latines. Ce sont les nations modernes des Portugais, des Espagnols, des Français, des Italiens et des Roumains.

Germains. — Les *Germains* suivirent la route parcourue par les Celtes et les Kymris; mais, pendant cinq siècles, ils furent arrêtés par les Romains sur les rives du Rhin. Ils étaient divisés en 35 tribus. Quelques-unes ont laissé leur nom à des appellations modernes : Francs, Allemands, Saxons, Angles, Dans, Jukes, Suéars, Frisons, Goths, Rugiens, Burgondes, Lombards, Suèves et Vandales. Toutefois, ceux qui se sont établis en Gaule, en Ibérie et en Italie se sont latinisés. Ils ont formé les nations modernes de l'Allemagne, de la Hollande, et les Scandinaves, qui sont une branche des Germains, ont constitué les nations danoise, norvégienne, suédoise et islandaise.

Slaves. — Les *Slaves* se remirent en marche vers

l'ouest au vıı^e siècle de l'ère chrétienne. Les Dalmates apparurent dans la péninsule Balkanique en 626. Ils se divisent en deux groupes : les Slaves de l'est et les Slaves du sud. Au premier, appartient la nation russe ; au second, les Serbes, les Slovaques, les Moraves, les Tchèques, les Slovènes, les Croates, les Esclavons, les Bosniaques, les Dalmates, lesquels ont été englobés, excepté une partie des Serbes, dans la monarchie austro-hongroise.

Touraniens. — Du ve au xve siècle, l'Europe occidentale fut envahie par des peuples de race touranienne : les *Alains*, les *Huns*, dont l'arrivée détermina la chute de l'empire romain d'Occident, les *Avares*, les *Bulgares*, les *Khazares*, les *Madgyares*, les *Petchénègues*, les *Koumanes*, les *Mongols* et les *Turcs*.

Ils n'ont formé que deux États modernes : ceux de Hongrie et de Turquie. Beaucoup de Tartares, établis jadis en Russie, reprennent aujourd'hui le chemin de l'Asie, leur ancienne patrie.

A la race touranienne appartiennent, dans la Russie et la Suède, les Lettes, les Livoniens, les Finnois, les Samoyèdes et les Lapons, qui sont les hommes les plus petits de l'Europe.

Les Madgyars ont absorbé les débris des Huns, des Avares, des Petchenègues et des Koumanes.

Débris des vieilles races. — Sur les deux versants des Pyrénées occidentales, vivent les débris des Ibères, que nous appelons **Basques**, et qui s'appellent *Escualdunacs*. Leur langue ne ressemble à aucune des langues aryennes. Elle est agglutinante. Certains de ses mots ont 15 et 18 syllabes. Elle comprend 7 dialectes. Ils émigrent aujourd'hui en grand nombre vers l'Amérique, où ils sont déjà presque aussi nombreux qu'en Europe.

Les *Celtes* ont conservé leur vieille langue dans la Bretagne, dans le pays de Galles, dans les hautes terres d'Écosse où ont subsisté, jusqu'au xvııı^e siècle, l'ancienne organisation sociale et la division en clans, et enfin en Irlande, où leur langue s'appelle *erse*.

Les *Bretons* parlent 4 dialectes et leur poésie populaire ne comprend pas moins de huit à dix mille chants.

Les *Israélites* sont nombreux dans les pays danubiens et dans les provinces occidentales de la Russie. Cet empire en compte 2,500,000 ; la Roumanie, 500,000 ; la France, 100,000. Au moyen âge, ils étaient persécutés dans toute l'Europe chrétiennne. Ils sont encore détestés dans toute l'Europe orientale.

Les *Tsiganes*, ou Zingaris, ou Gitanos, sont peut-être un million en Europe ; la Transylvanie en compte 100,000. La Hongrie et l'Espagne, 50,000 environ. Dans l'Europe orientale, ils sont devenus sédentaires. Partout ailleurs, ils sont encore nomades. Ils parlent tous la même langue voisine du sanscrit. Les Français les appelèrent Bohémiens, croyant qu'ils venaient de la Bohême ; les Espagnols, Gitanos, croyant qu'ils venaient d'Egypte. Ils sont vraisemblablement originaires de l'Inde, où ils étaient les derniers des parias. On suppose que l'invasion de Tamerlan dans cette contrée provoqua leur émigration L'empereur Sigismond leur donna des passeports en 1417·

Isabelle de Castille, François Ier, Henri VIII, Charles· Quint essayèrent inutilement d'en débarrasser leurs États-

Il reste encore quelques débris d'une race jadis mépri-sée et réprouvée, les *Cagots* ou *Colliberts*, ou Caqueux, ou Lyzolards, ou Marrons. On ne connaît pas leur origine ; toutefois, ils semblent venir de deux souches différentes. Autrefois, on les distinguait par un costume spécial et ils ne pouvaient être que charpentiers ou bûcherons.

En Turquie et Russie, on trouve quelques groupes d'*Arméniens*.

Races actuelles de l'Europe. — Sans tenir compte des groupes de population d'une importance secondaire, ni des races dont les représentants n'existent pas en corps de nation, l'Europe est divisée en trois régions ethniques, ayant pour limites communes les massifs des Alpes, des Balkans et des Carpathes. Entre ces montagnes, les populations sont très mélangées ; on y trouve juxtaposés des villages touraniens, germains et slaves. La confusion est plus grande encore dans la péninsule Balkanique. Dans le Caucase, où sont restés les débris de toutes les invasions, on ne parle pas moins de 70 langues ou dialectes.

Le groupe *gréco-latin*, qui compte environ 100 millions d'hommes, occupe les trois péninsules méridionales et la plus grande partie de la région gauloise. Il regagne partiellement les terrains conquis par les Germains au moyen âge.

Les peuples d'origine *germanique* occupent une zone inférieure en étendue et en population, qui va des Alpes à la Manche et à l'océan Glacial, Scandinaves compris.

Les îles Britanniques sont un terrain de croisement entre les races de l'Est et du Midi. Leur langue hybride est formée, en parties à peu près égales, de germain et de latin. Les Anglais isolés ont acquis une remarquable individualité nationale, qui les sépare nettement des peuples continentaux.

Les *Slaves*, moins nombreux que les Latins, occupent un territoire beaucoup plus vaste. Ils peuplent la Russie presque tout entière, et forment la moitié de la population austro-hongroise. Ils sont répandus dans les provinces de Galicie, Moravie, Hongrie, Bohême, Carinthie, Carniole, Croatie, Istrie, Esclavonie Dalmatie, Bosnie, Herzégovine. Les Bulgares se sont slavisés depuis qu'ils occupent la péninsule Balkanique.

Mais aucune de ces races n'est pure aujourd'hui. Toutes ont été mélangées par les guerres et les relations. Ainsi, les Français sont composés de Gaulois, de Grecs, de Latins, de Germains, de Scandinaves et de Maures. Les Arabes ont laissé leur empreinte en Portugal et en Espagne ; les Slaves, en Grèce et en Roumanie.

Rarement les frontières politiques coïncident avec les frontières ethniques. Maintes fois, les populations de même langue et de même origine ont été violemment séparées. Souvent des souches variées ont été agglomérées sous un même souverain. C'est pourquoi les limites des États modernes ont si souvent varié depuis leur formation.

A cause de l'agglomération des populations diverses, on parle en Suisse 3 langues : français, italien, allemand ; — en Austro-Hongrie, 4 d'origine différente : allemand, magyare, néo-latin (italien et roumain), slave (au moins 5 dialectes) ; — 4 en Turquie : turc, grec, bulgare, albanais.

Tentatives d'unification des races. — Aucune des trois familles ethniques de l'Europe n'a formé, depuis la chute de l'Empire Romain, un corps politique autonome. Chacune s'est cantonnée dans un territoire distinct et a été influencée par des éléments étrangers. Les Scandinaves seuls ont, à deux reprises, en 1017 sous Canut le Grand, et en 1397 par le traité de Calmar, formé un corps homogène. Mais cette union toute politique ne fut que temporaire.

En vain l'Espagne au xvie siècle, les Bourbons au xviiie, Napoléon au xixe, ont essayé d'unifier les peuples de race latine. Il n'est pas étonnant que les grands empires composés de plusieurs races par Charlemagne, Charles-Quint et Napoléon, n'aient pu survivre à leurs fondateurs.

Aujourd'hui on parle de pangermanisme et de panslavisme. Mais ces deux rêves sont loin d'être réalisés. Les Germains forment des groupes ayant des intérêts divergents, et dans le monde slave, les Polonais, bien que supprimés politiquement, ont conservé de fait leur nationalité et résistent opiniâtrément à la russification.

Rôle des races dans la civilisation. — Chacune des trois grandes races a apporté son contingent au progrès de l'humanité. Toutefois, celui de la race latine est de beaucoup le plus considérable.

Les Italiens ont donné à l'Occident la boussole, l'écluse et le télescope.

On leur doit la Renaissance et ils ont eu de grands explorateurs, des écrivains remarquables, des artistes éminents dans toutes les branches des beaux-arts.

Les peuples de la péninsule Hispanique ont surtout contribué à la connaissance du globe. Ils ont eu également de grands artistes et des écrivains remarquables.

C'est en France qu'ont pris naissance la plupart des grands mouvements historiques qui ont agité le monde depuis mille ans : la féodalité, les croisades, l'émancipation des communes et la Révolution. C'est en France que sont nées la chimie, l'aérostation, l'utilisation de la vapeur, la télégraphie. C'est là que s'est développée la philanthropie avec saint Vincent de Paul, l'abbé de l'Épée, Valentin Haüy et Pinel. C'est en France, grâce à ses artistes de premier ordre, à ses écrivains incomparables, à sa langue universellement répandue depuis le traité de Westphalie, qu'est depuis deux siècles le centre de la civilisation.

Les Anglo-Saxons, qui sont à la fois Latins, Celtes, Germains, ont surtout brillé dans les arts industriels. De plus, ils ont eu des poètes de premier ordre et ce sont des Anglais qui ont trouvé la poudre à canon, le vaccin, la connaissance de la circulation du sang et de la gravitation universelle.

Les Germains ont eu deux grands poètes, des philosophes éminents, quelques savants, des musiciens de génie, l'inventeur de l'imprimerie et le promoteur de la Réforme.

Les Slaves, arrivés les derniers dans la civilisation, ont par Copernic fait connaître au monde le système planétaire, et ils ont quelques écrivains de talent, le musicien Chopin, etc.

Les Grecs, qui furent, dans l'antiquité, les éducateurs de l'Europe occidentale, n'ont rien donné à la civilisation depuis quinze siècles.

Les Touraniens n'ont servi en Europe qu'à faire reculer la civilisation partout où ils ont passé.

Les Juifs, qui sont dispersés depuis l'an 135, ont donné dans les pays respectifs qu'ils habitent : à l'Allemagne le musicien Meyerbeer et le poète Heine, à la France les Halévy, à la Hollande le philosophe Spinosa. Ce sont eux qui ont imaginé jadis la lettre de change. Mendelsshon et Disraëli, quoique protestants de religion, étaient de race israélite. C'est à Péreire que la France doit l'extension de son réseau ferré.

LES RELIGIONS DE L'EUROPE

Le *culte du foyer* fut le premier culte de nos ancêtres aryas. Quant ils se furent réunis en tribus, puis en cités, le nombre de leurs dieux s'augmenta ; ainsi se créa le polythéisme gréco-latin dont le Panthéon comptait, dit-on, 40,000 dieux, et qui domina sur tout le bassin méditerranéen, et dont le grand prêtre fut l'empereur romain pendant les trois premiers siècles de notre ère.

Les douze grands dieux étaient : Jupiter, Neptune,

Vulcain, Mars, Mercure, Apollon, Junon, Minerve, Vesta, Cérès, Vénus et Diane. Ce sont les noms latins.

Les autres tribus aryennes qui s'établirent en Europe avaient d'autres cultes : les Gaulois, le *druidisme;* les Scandinaves et Germains, l'*odinisme.* Les Celtes avaient apporté le druidisme de l'Orient, et leur religion avait des points de ressemblance avec les cultes de l'Inde et de la Perse. Leur grand prêtre résidait dans le pays des Carnutes, Eure-et-Loir aujourd'hui. Les dieux principaux étaient *Hésus,* *Teutatès* et *Ogmius.* Les principaux dieux du Nord étaient *Odin, Thor* et *Freya.* Ces noms sont restés dans la dénomination des jours en allemand et en anglais. La ville d'Odensée en Danemark, les monts Odenwald en Allemagne, rappellent le souvenir d'Odin.

Les fées, les korrigans de Bretagne, la Willis de Bohême et la Bansshee d'Irlande sont des débris de ces vieux cultes.

Le christianisme en Europe. — Le christianisme, malgré dix grandes persécutions des empereurs romains, se répandit de proche en proche et triompha dans l'Europe méditerranéenne par l'édit de Milan en 313.

Les Barbares qui, au ve siècle, se substituèrent à l'empire d'Occident, y furent peu à peu convertis : les Francs par saint Remy, évêque de Reims, les Anglo-Saxons par saint Augustin, les Allemands par saint Colomban, saint Gall, saint Boniface.

Le christianisme pénétra en Scandinavie aux xe et xie siècles, en Russie au xe. Mais il se scinda bientôt : les chrétiens d'Orient ne voulurent point obéir au pape qui siégeait à Rome, et, après plusieurs siècles de tiraillements, la séparation fut consommée en 1054. Les Russes ayant été convertis par des Grecs, ont adopté le christianisme du rite grec.

Avant et depuis la séparation, des hérésies se sont formées dans le sein de l'Église chrétienne : les plus importantes, du ive au xvie siècles, furent celle d'Arius condamné au concile de Nicée et qui eut une grande importance au ve siècle, — celle des iconoclastes, — celle des manichéens, — celle des hussites en Bohême.

Au xvie siècle, trois réformateurs amenèrent une séparation beaucoup plus durable : l'Allemand *Luther* en 1517, le Suisse *Zwingle* en 1519, le Français *Calvin* en 1535. Mais cette séparation ne se fit pas sans déchirements, et pendant un siècle toutes les grandes guerres eurent pour mobile la lutte religieuse.

Depuis lors les sectes protestantes se sont multipliées, mais l'Église catholique s'est resserrée autour de son chef aux conciles de Trente en 1545 et du Vatican en 1870.

Mosaïsme. — Les Juifs, après leur dispersion en 135, se sont répandus dans toutes les contrées et ont été tour à tour supportés, tolérés, persécutés, parqués dans des quartiers à part, expulsés en masse comme en Espagne, d'où 800,000 d'entre eux ont été bannis en 1492.

Islamisme. — L'islamisme a entamé l'Europe par ses trois péninsules méridionales et par la côte de Provence. Mais Charles Martel arrêta l'expansion des musulmans à la grande bataille de Poitiers en 732. Ils furent bientôt chassés des côtes du Languedoc, de Provence et des îles de la Méditerranée occidentale.

La prise de Grenade leur enleva définitivement l'Espagne en 1492. Maîtres pendant trois siècles de la péninsule balkanique et des deux bassins inférieurs du Danube, ils reculent peu à peu depuis le traité de Kainardji en 1774; chaque traité leur enlève une province.

Le *chamanisme* a fait son apparition en Europe à une date qu'il est impossible de déterminer, et les Tziganes ont apporté avec eux les vieux cultes de l'Inde au xve siècle.

Divisions des religions selon les races. — On peut dire d'une façon générale que les Aryas sont chrétiens en Occident, brahmanistes en Orient; les Sémites sont israélites et musulmans; les Touraniens sont bouddhistes et les Nègres fétichistes.

Les Aryas d'Europe ont adopté, chacun à peu près suivant sa race, les trois grandes formes du christianisme. Les Latins sont catholiques romains; les Slaves sont orthodoxes grecs; les Germains protestants des différentes sectes.

Toutefois, quelques Latins sont protestants en France et en Suisse. D'autres sont chrétiens du rite grec comme en Roumanie. Un certain nombre de Slaves sont catholiques romains comme la majeure partie des Slaves de l'Austro-Hongrie et les Polonais.

Les Celtes de l'Irlande sont restés catholiques. Un certain nombre de Germains sont également catholiques ; il en est de même en Suisse, dans la Belgique flamande, dans l'ouest de la Hollande, dans l'ouest et le sud de l'Allemagne, en Austro-Hongrie.

Le catholicisme semble aujourd'hui faire des progrès en Angleterre depuis l'émancipation des catholiques en 1829; mais, par contre, le protestantisme en fait en Hongrie, et partout en Europe l'islamisme recule devant le christianisme du rite grec, les musulmans abandonnant peu à peu les provinces perdues par la Turquie et regagnant l'Asie.

Le chef des catholiques est le *pape*, qui réside à Rome et est élu par le conclave organisé en 1274. Il est composé des cardinaux dont le nombre peut atteindre 72. Du xvıe au xıxe siècle, le sacré collège a toujours été composé en majorité d'Italiens. Aujourd'hui, la majorité appartient aux cardinaux des différents pays. Mais le groupe italien a seul une grande importance. Le monde catholique est divisé en provinces métropolitaines ayant chacune à sa tête un archevêque. La province est divisée en diocèses, subdivisés en paroisses. L'évêque gouverne la province.

Les chrétiens du rite grec ont plusieurs chefs : le czar en Russie, en Turquie, le patriarche de Constantinople, auquel d'autres patriarches obéissent avec peine.

Une des sectes de cette branche du christianisme est celle des grégoriens arméniens qui a un patriarche à Constantinople.

Chez les protestants, il n'y a pas d'unité. Chaque secte a une organisation différente. Les plus connues de ces sectes sont celles des luthériens, des évangélistes, des calvinistes, des anglicans, des presbytériens, des quakers, des méthodistes, des baptistes, des wesleyens, des unitariens et des salutistes.

Les princes ont, au point de vue religieux, une grande importance dans les pays protestants : le souverain d'Angleterre est chef de la religion.

France.—Les Français sont en grande majorité catholiques. Le pays est divisé en 17 provinces métropolitaines et 67 diocèses. Les protestants y sont au nombre d'environ un million, répandus surtout dans le Languedoc et à Paris.

Ceux de la Confession d'Augsbourg ou luthériens ont un consistoire supérieur à Paris ; les calvinistes ont un consistoire central à Paris et deux facultés de théologie à Paris et à Montauban. Les israélites sont au nombre d'environ 100,000, et ont un consistoire central à Paris. Il y a en outre à Paris quelques musulmans, quelques chrétiens du rite grec, et quelques grégoriens arméniens.

Portugal. — Les Portugais sont catholiques. Il y a un patriarche à Lisbonne, deux archevêques à Braga et à Evora, et 14 évêchés. Un certain nombre d'israélites se sont établis au Portugal après leur expulsion d'Espagne, et c'est du Portugal que viennent la plupart des israélites établis dans le sud de la France.

Espagne. — L'Espagne est catholique et, pendant longtemps, tout autre culte y a été interdit sous peine de mort. Les Juifs, puis les Maures, en ont été expulsés pour assurer l'unité religieuse du pays. On compte en Espagne 8 archevêchés et 51 évêchés. Les archevêchés sont à Tolède, Santiago, Saragosse, Valence, Séville, Grenade, Burgos et Tarragone.

Italie. — L'immense majorité des Italiens est catholique. C'est au palais du Vatican que siège le pape. Aucun pays au monde ne renferme plus d'archevêchés et d'évêchés. Quarante-six des uns, une centaine des autres. On en peut juger par les quatre diocèses conservés en Savoie du régime italien. La Sardaigne a 3 archevêchés et la Sicile quatre.

Dans les hautes vallées piémontaises on trouve des Vaudois expulsés de France au xvie et au xviie siècle, et dont l'hérésie remonte au xiie siècle.

Suisse. — La Suisse est presque partagée entre les catholiques et les protestants. Ceux-ci appartiennent aux deux cultes calviniste et évangéliste. Les deux cultes ont été souvent en lutte, surtout au xvie siècle, où Zwingle fut tué à la bataille de Cappel en 1531.

Les cantons suivants sont en majorité composés de protestants :

Berne.	Saint-Gall.	Vaud.	Zurich.
Bâle.	Argovie.	Genève.	Glaris.
Schaffhouse.	Turgovie.	Neufchâtel.	

Les cantons qui suivent sont en majorité composés de catholiques :

Lucerne.	Zug.	Appenzel.	Valais.
Schweitz.	Fribourg.	Grisons.	Uri.
Unterwalden.	Soleure.	Tessin.	

Quelques-uns de ces cantons renferment en nombre presque égal des protestants et des catholiques : par exemple :

Berne.	Saint-Gall.	Argovie.	Genève.
Appenzel.	Grisons.	Turgovie.	

On peut remarquer que les vieux cantons sont restés catholiques, et que la partie française a adopté le protestantisme sous l'impulsion de Calvin qui en fit au xvie siècle une république théocratique.

Il y a 5 évéchés, parmi lesquels : Bâle, dont l'évêque réside à Soleure ; Lausanne, dont l'évêque réside à Fribourg.

Iles-Britanniques. — Tous les cultes sont libres dans les Iles-Britanniques. Mais il y a deux religions d'État : le protestantisme épiscopal en Angleterre, et le presbytérianisme en Écosse.

L'Angleterre officielle a, de 1531 à 1559, changé quatre fois de religion.

Son clergé est le mieux rétribué du monde. Le culte se rapproche plus du catholicisme que celui des autres sectes protestantes. Le souverain nomme les ministres du culte auxquels le mariage n'est pas interdit. Il y a 2 archevêques : Cantorbéry et York, et 25 évêques.

Le presbytérianisme, qui est issu du calvinisme, a été établi en Écosse par John Knox en 1560. Tous les ministres sont égaux.

Nombreuses sont les sectes qui, depuis trois siècles, ont surgi dans la Grande-Bretagne. Les Gallois appartiennent presque tous aux sectes dissidentes. Les Irlandais sont en grande majorité catholiques.

Il y a quelques israélites à Londres. Pendant longtemps, les seuls protestants ont pu faire partie du Parlement.

Belgique. — Les Belges sont catholiques en grande majorité. Il y a un archevêché à Malines, et 5 évêchés à Bruges, Gand, Liège, Namur et Tournai.

Hollande. — Tous les cultes sont libres en Hollande, mais le calvinisme y domine. Il y a de nombreux catholiques, quelques luthériens, des israélites et, à Utrecht, une petite église de jansénistes, descendants des Français expulsés par Louis XIV. On y compte environ 2,500,000 calvinistes, 1,500,000 catholiques, 70,000 luthériens.

C'est pour échapper à l'Inquisition établie par l'Espagne, que les Néerlandais, sous le nom de Gueux, se sont soulevés en 1572 et ont formé une nationalité autonome.

L'archevêque titulaire d'Utrecht réside à Haren.

On compte 4 évêchés à Harlem, Bréda, Roermonde et Bois-le-Duc.

Empire d'Allemagne. — C'est de l'Allemagne qu'est sorti le protestantisme, et les luttes qu'il a suscitées ont, dit-on, fait périr 6 millions d'Allemands pendant la guerre de Trente ans. Les protestants luthériens ou évangélistes y dominent encore. Leur nombre s'élève à 28 millions environ. Ils sont en majorité en Prusse, en Saxe, dans le Wurtemberg, dans les petites principautés et dans les villes libres. Par contre, le catholicisme est resté la religion des anciens électorats ecclésiastiques de Cologne, Trèves, Mayence, du duché de Bade, de la Bavière et des provinces annexées depuis le milieu du xvIIIe siècle, Silésie, Posnanie, Alsace-Lorraine.

Le roi de Prusse Frédéric-Guillaume IV a unifié le culte protestant dans ses Etats sous le nom d'évangélisme.

On compte en Prusse environ 18 millions de protestants et 9 millions de catholiques. Les deux archevêques catholiques sont ceux de Cologne et de Posen.

En Bavière, on trouve environ 4 millions de catholiques contre 1,500,000 protestants.

La Bavière a deux archevêchés : à Munich et à Bamberg.

Le grand-duché de Bade a un archevêché à Fribourg.

Dans l'Empire allemand on compte près de 600,000 israélites.

Danemark. — Le Danemark a adopté le luthéranisme en 1527. On y compte 8 évêques protestants.

Suède et Norvège. — La Suède et la Norvège ont également adopté en 1527 le luthéranisme, la première sous l'impulsion du roi Gustave Wasa.

On trouve en Suède un archevêque protestant à Upsal et 11 évêques. En Norvège, il y a 4 évêchés.

Les sectes protestantes sont nombreuses en Scandinavie.

Austro-Hongrie. — Bien que la maison de Habsbourg ait été à la tête du mouvement antiréformateur, on compte de nombreux dissidents dans ses États : un tiers des habitants. Les Allemands et les Slaves y sont en majorité catholiques; les Hongrois en majorité protestants; les Latins en majorité du rite grec.

De plus on trouve des arméniens-grégoriens, et environ un million et demi d'israélites.

Il y a environ 25 millions de catholiques, 4 millions de catholiques grecs, 8,000 catholiques arméniens, 1 million et demi de luthériens, 2 millions de protestants réformés, quelques protestants unitariens, 3 millions de grecs orthodoxes.

On compte en Austro-Hongrie 11 archevêchés catholiques :

Vienne.	Olmutz.	Gran.	Agram.
Salzbourg.	Lemberg.	Goritz.	Zara.
Prague.	Kolocza.	Erlau.	

Il y a un patriarche grec oriental à Carlovitz, des archevêques à Fogaras, Hermanstadt et Lemberg.

Grèce. — Le christianisme du rite grec domine presque exclusivement en Grèce. Les archevêques et les évêques sont soumis au synode dirigeant qui réside à Athènes.

Turquie. — Il y a en Turquie confusion de cultes comme il y a confusion de races. Les Turcs sont musulmans du rite sunnite et ont pour chef religieux le sultan qui se considère comme l'héritier des khalifes successeurs de Mahomet.

Les Grecs, les Bulgares, les Roumains qui habitent l'empire sont chrétiens du rite grec et ont des patriarches à Constantinople et à Sophia. Le sultan Mahomet II, en s'emparant de Constantinople, accorda de grands privilèges au patriarche de Constantinople et le considéra comme le chef de tous les chrétiens grecs.

Les Arméniens, en grand nombre à Constantinople, sont catholiques ou grégoriens et ont deux patriarches.

Royaumes danubiens. — Les Serbes et les Roumains sont chrétiens du rite grec puisqu'ils ont été convertis par les chrétiens d'Orient, et bien que les Roumains soient de race latine.

Russie. — La religion d'État est en Russie le christianisme du rite grec dont l'empereur est le chef. Mais à côté des 60 millions d'orthodoxes, il y a au moins 20 millions d'habitants pratiquant d'autres cultes, surtout dans les pays d'annexion récente comme la Pologne, les provinces baltiques, la Finlande, le Caucase, etc.

On compte environ 7 millions de catholiques latins; en Pologne ils ont la majorité. Ils ont également la majorité dans les gouvernements de Vilna et de Kowno. Ils sont nombreux dans les provinces de Podolie et de Volhynie.

Les protestants luthériens sont au nombre d'environ 4 millions, Allemands ou Suédois; ils sont en majorité dans les gouvernements de Courlande, de Livonie et d'Esthonie, et dans la Finlande.

Par toute la Russie sont répandues des sectes dissidentes qui ont été longtemps persécutées.

Les israélites sont au nombre d'environ 2 millions et demi, plus du quart du nombre total des israélites dans le monde. Ils sont surtout répandus dans les anciennes provinces polonaises.

Les mahométans sont au nombre d'environ 3 millions, mais leur nombre décroît. Ils se trouvent répandus surtout dans les gouvernements d'Orenbourg à proximité de l'Asie, de Kasan où ils ont longtemps dominé politiquement, et d'Astrakan.

Les Tartares de Crimée et les Circassiens (Tcherkess) du Caucase sont presque tous retournés en Asie après la conquête russe.

On compte encore en Russie 200,000 idolâtres, lamaïtes ou chamanistes, qui sont des sectes bouddhistes. Il y a 90,000 lamaïtes dans le gouvernement d'Astrakan et ils appartiennent aux races kalmoucks et bouriates.

Les Samoyèdes des bords de l'océan Glacial sont chamanistes. Enfin errent, dans les forêts des gouvernements d'Orenbourg, de Viatka et de Perm, 90,000 Bachkirs, Votiaks et Permiaks, qui sont païens.

TABLE DES MATIÈRES

Sceaux. — Imp. Charaire et Cie.